8° M pièce 4122

Paris
1915

Reclus, Onésime

Le Partage de l'Allemagne

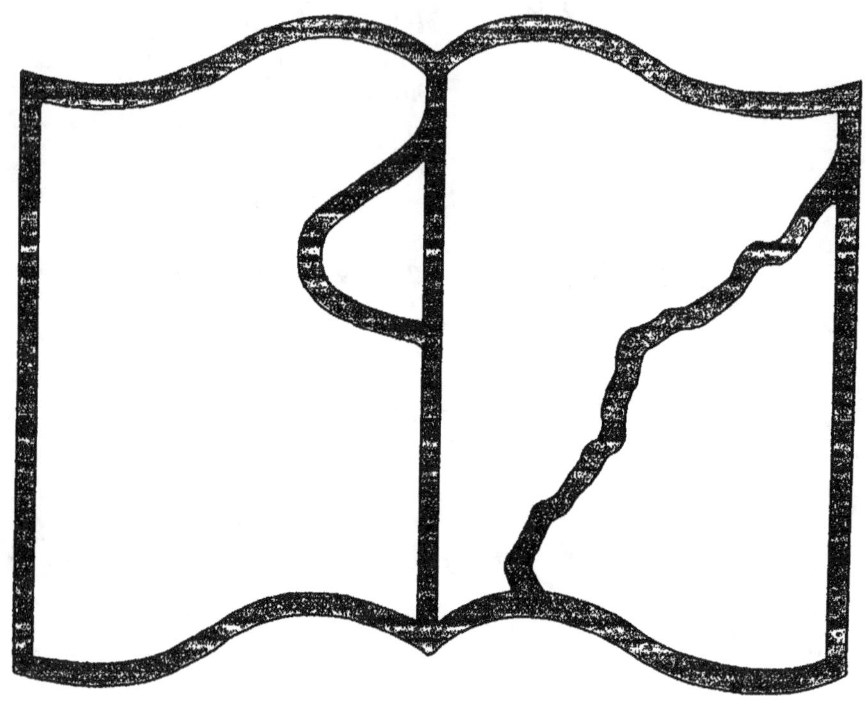

**Symbole applicable
pour tout, ou partie
des documents microfilmés**

Texte détérioré — reliure défectueuse

NF Z 43-120-11

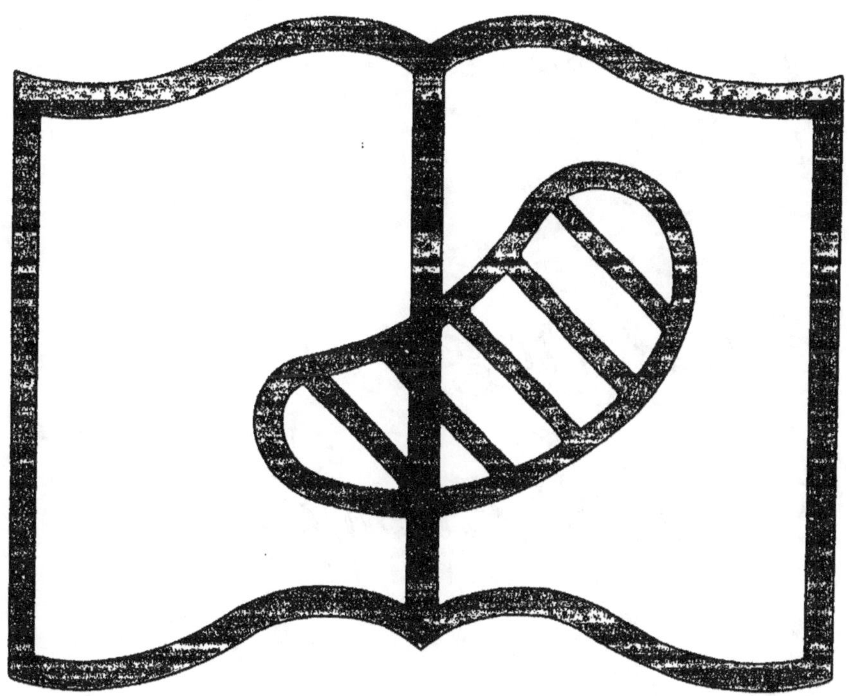

Symbole applicable
pour tout, ou partie
des documents microfilmés

Original illisible

NF Z 43-120-10

ONÉSIME RECLUS

Le Partage
de l'Allemagne

PARIS

ATTINGER FRÈRES. ÉDITEURS

2, rue Antoine-Dubois

LE PARTAGE DE L'ALLEMAGNE

I

Le partage de l'Allemagne.

A la fin du XVIIIe siècle, les trois partages de la Pologne furent une infamie.

Un partage de l'Allemagne en 1916 et années subséquentes pourrait être une grande et noble action.

Dépecer l'Allemagne entre Russes, Danois, Anglais, Français, Italiens, Serbes, Tchèques, c'est un terrible maximum. Il faudra bien s'y résigner si les Allemands nous y forcent.

II

Le Tatra.

Vers le milieu de l'Europe trône un massif tellement abrupt que la neige ne tient pas sur ses granits farouches, malgré des altitudes qui lui permettraient des glaces éternelles. C'est le Tatra, haut de 2.663 mètres.

Ce mont sauvage se lève à distance à peu près égale de Paris, de Rome, de Constantinople et de Moscou ; à pareil éloignement de la mer du Nord, de la Baltique et de la mer Noire.

Château d'eau culminant de l'immense protubérance des Carpates, il soupçonne, au midi, la grande plaine de Hongrie, qui n'est en été qu'un petit flot de poussière en comparaison des platitudes sans bornes du Nord et de l'Est ; au nord, fuit la plaine allemande; à l'est, la plaine russo-sibérienne qui, à elle seule, est tout un monde.

Au septentrion, Silésie et Pologne ; à l'orient, Galicie et Russie ; à l'occident, Moravie, Bohême, Autriche ; au midi, Hongrie ; voilà ce que, de près ou de loin, le Tatra contemp.e.

III

Les Polonais.

A ses pieds il a des Slaves, soit des Slovaques, soit des Polonais.

Ainsi placés au centre de l'Europe, les Polonais furent le plus puissant des peuples slavophones.

Malgré sa syllabe initiale, leur nom n'est pas de même nature que ceux des Poméraniens et des Polabes. Les Poméraniens s'appelaient ainsi, en dialecte slave, de ce qu'ils sont près de la mer ; les Polabes, autres Slavophones d'antan, de ce qu'ils étaient près de l'Elbe, la Laba des Tchèques ; les Polonais, de ce qu'ils habitent la plaine : *polé*, dans leur langue.

Ils vivent en effet dans la plaine infinie d'Asie-Europe, qui va du voisinage de la Chine aux Pays-Bas, plus que jamais trempés de sang humain par la malfaisance des Allemands, qui furent de tout temps les ennemis mortels du Slave et surtout des Polonais.

Lorsque nulle nation du centre n'était leur égale, les Polonais tentèrent de rejeter les Russes vers l'Orient. Ils ne se doutaient pas que le véritable ennemi n'était pas le cousin de Moscou, mais bien le Deutsch obséquieux ou brutal.

C'est la poussée des Polonais vers l'Est qui raidit les Russes et finit par en faire d'irréconciliables adversaires des habitants de la « Polé ». Quant aux Allemands, ils conduisirent avec une longue patience leur « Drang nach Osten », leur pénétration vers l'Est, en qualité de diplomates, colons, commerçants, industriels, d'abord rusés comme le renard, puis cuirassés comme l'hippopotame.

Au temps des Valois (1) le hasard d'un mariage fit plus que doubler la Pologne, mais alors la Pologne ne fut plus seulement la Pologne.

Grande dès lors comme deux fois notre France, elle s'étendit de la Baltique à presque toucher la mer Noire, mais elle ne fut plus elle-même : la Lithuanie lui apporta des Lithuaniens, le peuple d'Europe resté le plus longtemps païen, des Blancs-Russiens et des Petits-Russiens. Foncièrement catholiques, les Polonais durent vivre avec des Grecs orthodoxes ou uniates : donc, trois religions, trois peuples, trois langues. Si bien que la Diète, orageuse assemblée de seigneurs arrogants et durs avec leurs serfs, fut forcée d'adopter une langue commune, le latin. Même cas que, récemment encore, dans la

(1) Exactement en 1569.

Hongrie, qui est un État prodigieu-
sement bariolé.

IV

Décadence de la Pologne.

Ainsi faite et mal faite, la Pologne
prédomina quelques années dans l'Europe orientale ; elle s'empara même de
Moscou, mais ne s'y maintint que
quelques mois.

Puis elle comprit, trop tard, que son
avenir n'était pas du côté du Levant ;
elle vit qu'une tempête s'élevait du
côté du Couchant, là où grouillaient les
Allemands détestables.

Ou plutôt elle ne comprit rien, elle
ne vit rien, elle ne soupçonna rien. Elle
était absorbée par ses luttes religieuses,
les compétitions de ses ambitieux, les
folies de sa Diète, où, par un extraor-

dinaire mépris de la possibilité, un seul *non* balançait tous les *oui* de l'assemblée. C'était l'aveuglement dans toute son erreur et son horreur. Le proverbe le reconnaissait, qui disait : « *Polska nierzandem stoï* », la Pologne est forte de son absence de pouvoir, forte de son anarchie.

V

Partages de la Pologne.

La poussée des Allemands vers l'Est avait été bien plus heureuse que celle des Polonais. Ceux-ci n'avaient fait que batailler dans le vide contre des frères de race et de langue, ceux-là avaient acheté, protégé, conquis et colonisé.

Les temps étaient passés où les Slaves dominaient jusqu'à la rive droite de l'Elbe et, par-ci par-là, sur la rive gauche. La Prusse s'était hissée lentement, sûrement, au rang de nation allemande; pourtant son nom est celui d'une peuplade slave, les Borusses, païens soumis par les armes aux chevaliers teutoniques, lesquels étaient des chrétiens militants et en même temps des batailleurs cruels et des pillards insignes.

Au xviiie siècle, cette Prusse eut un roi qui pratiquait tous les vices, un fourbe, un cynique ; mais cet homme méprisable avait du génie, de la volonté, de l'ardeur, de l'audace. Sous le nom de Frédéric le Grand, c'est l'astre du ciel des Hohenzollern.

Ce maître renard, d'ailleurs digne de la peau du lion, flairait dans la Pologne une proie qu'il aurait bien voulue pour lui seul, mais trop faible pour en venir à bout, il en offrit une part à ses deux grands voisins, à l'Autriche et à la Russie.

Les trois escarpes se distribuèrent en 1772 un notable lambeau de l'innocente nation ; innocente quant à l'extérieur ; mais à l'intérieur ses seigneurs et ses prétendants étaient des criminels, quelques-uns sans s'en douter. Sur les 75 millions d'hectares qu'avait encore la Pologne, les confédérés en prirent 21.400.000 peuplés d'environ 5 millions d'âmes.

En 1794, ils s'en octroyèrent 30 millions 900.000 avec 4.100.000 habitants : à deux seulement, Prusse et Russie, l'Autriche s'étant abstenue. En 1795, un troisième partage, à trois cette fois, raya les Polonais du rang des nations libres.

La Russie avait pris la part du lion, près de 50 millions d'hectares et de 6 millions d'hommes ; la Prusse s'était adjugé 2.500.000 âmes et 15 millions d'hectares ; l'Autriche, une dizaine ou guère plus de millions d'hectares peuplés de 4 millions de Po'onais.

Telle fut la fin politique d'un royaume puissant, mais inhomogène, régi par l'élection, miné par les discordes, ruiné par l'étourderie et surtout guetté par des voisins moins chevaleresques que lui.

VI

Suites du partage, à l'intérieur des nations partageantes.

A aucune de ces trois nations les attentats de 1772, 1794 et 1795 n'ont réellement profité.

Celle qui avait usurpé le moins de terrain, l'Autriche y a moins perdu que les deux autres. Elle s'est faite de pièces et morceaux, par des mariages impériaux, royaux et princiers, et d'ailleurs située au principal remous des races, des langues de l'Orient et de l'Occident.

Sa part de Pologne n'a fait qu'accroître le nombre de ses religions, de ses nationalités par un flot de Polonais et de Petits-Russiens. Ce qu'elle était elle a continué de l'être sans difficultés spéciales : un pandémonium, un caléidoscope, un caravansérail. « Deux animaux de plus dans la ménagerie, aurait dit un plaisant, pour se griffer avec les autres à toute occasion. » Mais faute de guerres civiles, tel n'a pas été le cas.

Les Polonais ont accru l'armée de Sa Majesté Impériale et Royale, payé l'impôt, fait ce qu'un sujet fait de force, rarement de gré. Comme l'élément polonais est un pion sur l'échiquier parlementaire, toujours bouleversé, de l'Autriche-Hongrie, ils ont aidé le gouvernement dans ses combinaisons de politique intérieure et ils en ont été récompensés par une certaine bienveillance. Pendant des années ils se sont considérés avec raison comme les moins malheureux de leur malheureuse nation ; ils sont même allés jusqu'à la reconnaissance; du moins nombre de leurs députés, de leurs hommes d'État et de leurs seigneurs.

La Russie s'est fait des ennemis de l'intérieur de ceux qui auraient pu être des amis, et qui se sont deux fois révoltés contre elle.

La Prusse a introduit dans son royaume-empire, si mécaniquement discipliné, des éléments hétérogènes, inassimilables et même passionnément hostiles, forcés d'être des soldats héroïques pendant la guerre, des sujets terrorisés durant la paix

VII

Suites du partage, à l'extérieur.

Ladite Prusse traite ses Polonais comme des esclaves taillables, corvéables, insultables, brutalisables à merci, faits pour être expropriés au profit des colons de la race choisie par le Père Eternel pour donner des ordres à toute la Terre.

Fait inouï ! Personne en Europe et en Amérique n'a flétri les Prussiens en tant que tyrans de la Pologne. En France notamment, quand on disait avec un de nos historiens (1) : « L'Allemagne est la seconde patrie de

(1) Gabriel Monod.

l'homme qui lit et qui pense », tout ce
que faisait le Borusse était droit et loi,
tout ce que faisait le Russe était indi-
gnité. Michelet fit une brochure pour
prouver que la Pologne existe, mais
que la Russie n'existe pas.

C'est la Russie qui a le plus souffert
de ce brigandage à trois dont l'initia-
teur fut un Hohenzollern, c'est-à-dire
un Allemand.

Il y eut contre elle, en France, en
Angleterre, dans tout le monde « pen-
sant », dans tout le monde « sensible »
un extraordinaire déchaînement de
mépris, de malveillance, de haine et
de fureur.

Mainte alliance contre nature eut
pour origine la honte de mettre la
main dans la main du bourreau, du
du knouteur, de l'assassin, du dépor-
teur en Sibérie, auquel on refusait la
qualité d'Européen, et même d'homme

blanc. En parlant d'eux, un poète
disait :

> Et, l'estomac gonflé d'un lubrique alcool,
> Ces sauvages Bachkirs hurlent un chant
> [mongol (1).

Bien des Français essayèrent de lancer la France dans une guerre européenne pour délivrer le peuple martyr. Napoléon III s'aliéna témérairement l' « Ours du Nord » en déclarant, dans un discours officiel, que la Russie foulait aux pieds tous les traités à Varsovie. Quant à la Prusse elle restait immaculée aux yeux de tous les « lisants » et « pensants ».

Une des causes qui entraînèrent la ruine de la France en 1870 fut la passion désordonnée pour la Pologne (et pour l'Italie), la haine injuste pour la Russie, pourtant bien moins coupable

(1) Barthélémy.

en cela que Frédéric II, « le grand idéaliste (1) » qui, pour parler populairement, « avait monté le coup ».

De même l'Angleterre, si dédaigneuse de ce qui n'est pas elle, se mit souvent, pour cette même raison, dans le camp des tortionnaires borusses. Les Allemands ne sont-ils pas justes, savants, naïfs, tout à tous, poètes amis de l'edelweiss, du vergiss mein nicht et de la fleur mystique?

Et toutes les nations de reprocher « le meurtre de la Pologne » aux seuls « Cosaques ».

Ainsi va la justice du monde !

VIII

Les temps changent et les hommes avec.

De toute évidence, l'iniquité du partage de la Pologne a lourdement

(1) On l'a surnommé ainsi en Allemagne.

pesé sur l'Europe. Elle a suscité des guerres inutiles, elle a empêché des guerres nécessaires. Maintes fois les trois puissances que ce brigandage avait réunies se sont coalisées à l'encontre des vrais intérêts de l'Europe.

Les événements de 1772, 1794, 1795 furent donc : en justice, un grand crime ; en fait, un grand malheur.

Mais, suivant le beau vers latin, « les temps changent et nous changeons avec eux » (1). Ce qui fut à la fin du xviiie siècle une terrible malfaisance ne serait-il pas, appliqué contre l'Allemagne, une équité magnifique, en même temps qu'un bonheur pour le monde, surtout pour la dolente et sanglante Europe?

(1) *Tempora mutantur, nos et mutamur in illis.*

IX

Vœux cyniques de l'Allemagne.

Ayons le courage de nous mettre en face de la réalité.

Un peuple, un seul, l'Allemand, car l'Autriche slave, roumaine, italienne, et la Turquie ne sont que des complices forcées — la première trompée par ses archiducs, ses ducs, ses maîtres ; la seconde entraînée par ses pseudo-réformateurs, les Jeunes-Turcs — une seule nation a déclaré la guerre à l'Europe et sournoisement à tout l'univers.

Elle se dit fière de faire front au monde entier, car, dit-elle : « Plus on a d'ennemis, plus on a d'honneur. »

Elle ne cache pas le but de sa guerre : la soumission de l'Europe, que suivra celle des autres continents.

Un de ses coryphées, réglant l'Europe en quelques lignes, n'en dissimule rien. Il nous annonce (1) que nous serons esclaves aux environs de l'an 1950 :

« Avant longtemps le drapeau de l'Allemagne couvrira 86 millions d'Allemands, et ces 86 millions commanderont un pays où vivront 130 millions d'Européens.

« En ce vaste empire il n'y aura de droits politiques que pour les Deutsch, qui serviront seuls dans les armées de terre et de mer et seuls auront droit à la propriété. Alors, tout comme au moyen âge, nous serons un peuple de maîtres ; nous voudrons bien condescendre à ce que les nations à nous soumises exécutent chez nous les travaux serviles. »

(1) Dans « la plus Grande Allemagne et l'Europe centrale vers 1950 ».

Nous sommes prévenus — et un bon averti en vaut deux. — Dans l'Europe régénérée par la Prusse, nous ne serons ni citoyens, ni propriétaires ; nous serons astreints à la profession de domestiques, de gent disqualifiée, de populace ayant le droit, que disons-nous? le devoir de récurer les égouts, d'être portefaix, de cirer les bottes, de convoyer la vidange après l'avoir extraite de ses lieux honteux. Tels, à Sparte, les Ilotes, fils de ceux qu'avait vaincus une république née pour la guerre et vivant de la guerre, exactement comme la Prusse.

Ainsi nous serons traités « à la Turquie » par une aristocratie militaire.

Voilà une belle franchise non moins qu'une méprisable insolence. Le Boche ignore que l'avenir n'est à personne ; il ne pressent pas (ou peut-être commence-t-il seulement à pressentir) que la fin de la guerre mondiale ne peut être que l'écrasement du Deutschland. Alors ce seront les 130 millions d'Européens qui gouverneront les 86 millions d'Allemands.

Mais combien sont au juste les Deutsch, et combien les destructeurs du Deutschthum? (1)

X

Décompte des Allemands.

Il ne faut pas se laisser éblouir par les calculs de l'Allemagne. Elle fait nombre de tout, y compris de ce qui n'est aucunement Deustch.

De toutes ses prétentions la moins insensée, encore qu'exorbitante, c'est de compter comme Allemands tous

(1) Tout ce qui est Allemand, tout ce qui concerne les Allemands; en français récent : la Bocherie.

ceux qui parlent des langages apparentés à ce qu'ils nomment le Hoch
Deutsch, par opposition à l'autre grand
dialecte, au Platt Deutsch parlé dans
le Nord de l'empire par de nombreux
millions d'hommes. A eux deux ces
idiomes forment le domaine éminent,
indiscutable de l' « incommensurable
nation. »

Mais on ne peut leur accorder d'ad-
mettre comme Allemands quant à la
langue, ce qui dans leur esprit équi-
vaut à l'admission comme « race », les
Danois, les Suédois, les Norvégiens,
les Frisons, les Hollandais et les Flamands.

C'est comme si nous poussions dans
le rang des Français les Espagnols, les
Portugais, les Italiens, les Roumains.
Ces quatre peuples ne sont-ils pas
usagers de langages très apparentés
au nôtre? Un Français qui n'a jamais

ouvert une grammaire italienne, ni le moindre dictionnaire de cette langue de *si*, trouve certainement bien plus de facilités à lire un journal de Milan, de Florence, de Rome, qu'un Deutsch à comprendre impromptu un journal suédois ou danois.

Ce faisant, les Allemands annexent bien des millions d'hommes à leurs millions légitimes.

En réalité, la nation choisie par Dieu de toute éternité comprend les 66 millions de l'Empire, moins 4 à 5 millions de Lithuaniens, de Polonais, Mazoures, Cassoubes, Wendes de Lusace, Danois, Français ; plus les 12 millions d'Allemands autrichiens (nombre probablement exagéré par les recensements, favorables, comme partout et toujours, à l'élément dominant). Avec les Suisses de langue deutsch on arrive à 76 ou 77 millions de teutonisants.

C'est un beau chiffre, mais combien plus beau quand on lui ajoute indûment les 2.800.000 Danois, les 5.500.000 Suédois (1), les 2.400.000 Norvégiens, les 6.200.000 Hollandais, les 4 millions de Flamands : soit 20 magnifiques millions de plus !

Mais aussi, quel nombre splendide si nous adjoignons aux 44 à 45 millions de Français d'Europe les 3 à 4 millions de Canadiens Français, le million de l'Afrique du Nord, les 2 à 3 millions des Antilles, les 6 millions de Portugais, les 20 millions d'Espagnols, les 36 millions d'Italiens, les 11 à 12 millions de Roumains; sans compter les 75 millions de castillanisants et de lusitanisants d'Amérique !

Au fond, cela revient à dire qu'il n'y a pas 100 millions de « germanisants »

(1) Ceux de la Finlande compris.

contre plus de 200 millions de « latini-
sants », dont 120 millions en Europe.

Les Allemands ont une réponse
toute prête.

Mais que vaut-elle? Rien de rien.

Par une annexion bien plus violente
que celle des Scandinaves, Hollandais,
Flamands, les « maîtres et régénérateurs
du monde » considèrent comme leur
appartenant virtuellement toutes les
contrées où ils ont des colons, peu ou
beaucoup n'importe, ou à défaut de
colons, des industriels, des marchands
et des financiers.

Ainsi, et avant tout, le Brésil, à
cause des colonies prospères fondées
par eux dans le Rio Grande do Sul, le
Paraná, le Santa Catharina ; quelque
chose comme 300.000 Allemands,
400.000 peut-être dont on ne sait combien il y en a déjà de roulés dans le
torrent de l'assimilation brésilienne —

Le tout sur 25 millions de Néo-Portu-
gais, à côté d'Italiens beaucoup plus
nombreux qu'eux et de la foule des
Galiciens, Espagnols dont le langage
usuel est presque le même que celui de
Porto et de Lisbonne.

Puis, c'est l'Argentine, riche en éta-
blissements allemands, en industries
allemandes, en banques allemandes ;
c'est le Chili où des Deutsch font le
grand commerce et possèdent, en
Araucanie, des colonies « qui sont le
germe d'un grand avenir ».

Ensuite, c'est l'Uruguay, le Para-
guay, le Pérou, l'Amérique Centrale,
le Mexique et même, qui le croirait?
les États-Unis. Là ils furent, à vrai
dire, la souche d'une infinité d'Yan-
kis : les uns disent 12, 15, 18 millions,
d'autres vont jusqu'à 25 ; mais tout
cela s'est yankisé et se yankise avec
les années.

La terre entière y passe. L'Amérique
du Sud a toutes leurs préférences,
avec l'Afrique Australe où les Boers,
gens de souche hollandaise, donc « allemande », dominent de beaucoup en
nombre l'élément britannique.

Leur avidité va plus loin. Ils rêvent
la confiscation de tout pays où leurs
ancêtres, vrais ou prétendus, ont passé,
ne fût-ce qu'un jour : la Bourgogne,
parce qu'elle fut occupée par des Bur-
gondes ; la Normandie, parce que les
Normands, race scandinave, donc ger-
maine, la conquirent ; la vallée de la
Saône et du Rhône, parce que Bozon,
duc d'Arles et premier roi de Provence,
avait pour femme une fille de l'empereur Louis le Germanique ; l'Afrique
du Nord, parce que les Vandales la
pillèrent congrûment.

Trop longue serait la nomenclature
des contrées qui ne sont plus germaines

et qui devraient l'être, d'après le droit allemand, qui, naturellement, est le seul droit.

Pour s'en tenir à la vérité simple et nue, moins de 80 millions d'Allemands essaient présentement de soumettre 130 millions d'Européens à l'état d'Ilotes.

Ils n'y arriveront qu'en foulant aux pieds 170 millions de Russes, 45 millions d'Anglais, 40 millions de Français, 35 millions d'Italiens, 7 à 8 millions de Belges, 4 à 5 millions de Serbes ; plus 50 à 60 millions de Japonais ; plus les volontaires de colonies anglaises, et nos Français d'Afrique, tant Européens que Sénégalais, Soudaniens, Congolais, et nos Indo-Chinois, nos Antillais et jusqu'aux Canaques de la Nouvelle-Calédonie.

C'est dire qu'ayant défié l'Europe, et, plus que l'Europe, le monde, ils ont contre eux l'Europe, sauf les neutres, myopes ou lâches, et une bonne partie de l'univers.

Si donc les Alliés faisaient de l'Allemagne une Pologne, ils auraient la force, après l'avoir garrotée, de lui tenir la corde autour du cou pendant les siècles des siècles.

XI

Nécessité du partage.

Cette nécessité, ou, pour employer un mot de sept syllabes, cette indispensabilité, dépend de l'Allemagne, d'elle seule.

Elle a bravé le destin, d'un orgueil démesuré, satanique, diront ceux qui croient à Satan.

Si cet orgueil est indomptable, il

faudra le dompter ou en être les victimes.

Avec des êtres conscients, on propose, on discute, on traite ; avec des inconscients, on ordonne.

On ne raisonne pas avec un bloc de porphyre, on le fait sauter à la dynamite.

Si donc toute paix est impossible avec ces forcenés, qui ne soit pas l'expression suprême de la force, on arrivera devant ce bloc la barre à mine à la main ; on le brisera et chaque allié en prendra sa part avec l'engagement de ne la lâcher jamais.

En ce cas, l'Allemagne enragée deviendra donc une Pologne ; non pas une Pologne passagère comme celle de la Vistule et de la Wartha, mais une Pologne définitive, partagée en plus de morceaux que la victime de Frédéric le Grand.

Peut-on laisser libre au milieu de l'Europe une nation fière de son exubérance, armée contre tous, haïssant ou méprisant tous les peuples ; une nation qui bronze tous ses nerfs, qui bande tous ses muscles, pour un massacre universel, sans autre raison que la jalousie, l'envie, la méchanceté, la soif de tyranniser avec ou sans sagesse, et le plus souvent avec une singulière stupidité?

Ne serait-ce pas un crime de lèse-humanité que de ne pas crever dans son camp d'infamie l'armée toujours prête à faire entrer 15, 20 millions d'hommes, les uns dans le royaume des ombres, les autres dans les hôpitaux, les Invalides, les maisons de refuge, les asiles d'incurables où l'on reçoit comme vieillard celui qui était un jeune homme quelques jours auparavant?

Les détrousseurs de la fin du xviiie siècle se déshonorèrent devant le monde ; les justiciers du commencement du xxe siècle s'honoreront devant lui d'avoir puni l'iniquité, rassuré les peuples, vengé les morts et peut-être inauguré la paix mondiale. Ils pourront dire comme dans le beau vers de Virgile : « Un grand ordre des siècles vient de naître (1). »

XII

Facilité du partage.

Impossible, diront les inquiets, et les pessimistes, et les gens de juste milieu qui craignent à la fois le trop et le trop peu, qui craignent tout en vérité, même leur juste milieu.

On prononcera de grands mots : « Vengeance honteuse ; longanimité ; pardon des injures ; respectez le déses-

(1) *Magnus ab integro sæclorum nascitur ordo.*

poir d'un grand peuple ! N'offensez pas la majesté de Gœthe ! Honorez Kant et Schiller ! Souvenez-vous de Luther ! Pensez-vous tenir longtemps en lisière un dogue de si forte mâchoire? A cet effort l'Europe succombera devant la juste fureur d'une noble nation outragée. »

A cet effort l'Europe ne succombera pas plus qu'elle n'a mordu la poussière devant l'inattendue, la fantastique aile marchante de 1.500.000 hommes qui voulait rayer Paris du nombre des grandes villes et peut-être, dans la pensée des plus outranciers, de la surface du monde.

A plus forte raison le monde peut-il dire : « Je maintiendrai ! » ligué qu'il est presque en entier, dans l'ancien et le nouveau continents, contre les auteurs de la destruction de tout et de tous longtemps méditée, froidement délibérée, audacieusement entreprise par la grande Allemagne.

En vain le tigre habillé de la peau du renard guettait tous les peuples en attendant de les déchirer, au moment même où Guillaume II était désigné pour le grand prix Nobel, qui est le prix de la paix !

Qui aura pu jeter Tamerlan par terre saura bien l'empêcher désormais de se relever.

Comment résister, malgré 10 à 12 millions d'hommes armés en guerre, à la poussée vers l'Est des Belges, des Anglais, des Français, à la poussée vers l'Ouest des Russes, à la poussée vers le Nord-Ouest des Serbes, à la poussée vers le Nord de l'Italie? Comment tenir tête au Japon en Asie, aux Australiens et aux Néo-Zélandais en Océanie, aux Alliés, maîtres de la mer, en Afrique? Il ne se pouvait guère.

Il a fallu la folie, envoyée par Jupiter à ceux qu'il veut perdre, pour prendre ainsi à partie tout ce qu'il y a de plus vigoureux dans l'univers. Ceux que le Deutschland prétendait « mettre dans sa poche » en un tour de main, le dépassaient de très haut, non seulement en chair à canon », mais aussi en « nerf de la guerre » comme en intelligence. Les Allemands se sont montrés bien courts d'esprit, et ils avaient contre eux les impondérables dont Bismarck avait plein la bouche.

On ne connaissait pas assez la longue préméditation de l'Allemagne, ses préparatifs « infinis », sa furieuse ambition, sa sombre méchanceté, et pour tout dire sa démence. La veille, le matin même du jour de la mobilisation, des hommes sensés ont pu parier contre la guerre. Justement parce qu'ils étaient sensés et ne croyaient pas que les Deutsch fussent insensés « comme on ne l'est pas. »

Ils se disaient : « Les Allemands pensent que leur victoire en Europe, d'ailleurs plus que douteuse, sauvera leurs colonies d'Afrique et leur permettra de les accroître en long et en large ; or, ils font surtout la guerre pour arriver à la maîtrise de ce continent. Mais, sachant que le Japon a partie liée avec l'Angleterre, comment s'exposeraient-ils de gaîté de cœur à perdre Kiao-Tchéou?

« Kiao-Tchéou, c'est pour eux la suite naturelle ou plutôt l'avant-coureur naturel du chemin de fer de Bagdad. Quel avenir splendide ! La Chine devenue allemande, l'Indo-Chine conquise; Sumatra, Java, Bornéo soumises, la Hollande étant devenue deutsch; les Indes, joyau du monde, régies par Berlin; l'Asie Mineure colonie teutonne; l'Extrême-Orient accaparé par la langue où Luther traduisit la Bible !

« Telle est bien leur pensée de derrière la tête, même de devant la tête, car ils ne la cachent point.

« Ils n'oseront pas hasarder ces magnifiques espoirs ; ils comprennent trop bien que si les Japonais s'emparent de Kiao-Tchéou, eux, les Allemands ne pourront jamais le reprendre aux « petits Japs », invincibles à cette énorme distance. »

Les parieurs ont perdu, mais ils avaient raison. La folie faite, les Deutsch vaincus, comme il était écrit visiblement d'avance sur le marbre des destinées, ont perdu l'Afrique et l'Asie. Et s'ils nous y contraignent en nous tuant encore des millions d'hommes, ils se seront perdus eux-mêmes par un partage « à la polonaise ».

XIII

Comment partager l'Allemagne ?

Il faut que ce partage soit équitable.

Équitable de notre côté. Il le sera puisque nous n'imiterons Frédéric II et Catherine la Grande et Marie-Thérèse que poussés par la plus dure des nécessités.

Équitable entre nous, Alliés nombreux. Il importe qu'il n'y ait pas ici un lion en société avec la génisse, la chèvre et la brebis, comme dans la fable du bon La Fontaine.

Voici, vaille que vaille, une solution :

L'Angleterre, qui ne touche pas à l'Allemagne, s'adjugera l'île d'Héligoland, les autres îles qu'il lui plaira dans la mer du Nord ; surtout elle raflera la plupart des colonies deutsch de l'Afrique et de l'Océanie; ce qui fera sa part très belle.

La Hollande, dont la vie même était en balance et qui n'a pas bougé, qui même a favorisé de sa contrebande l'empire immoral, recevra, présents dont elle n'est pas digne, la Frise orientale au bord de la mer du Nord et, en remontant le Rhin, des districts où l'on ne parle pas réellement l'allemand, mais des patois hollandais, et l'ouest de l'Oldenbourg, qui est frison de langage.

La Belgique s'adjoindra les Wallons de sa frontière allemande et de sa frontière luxembourgeoise. C'est peu, mais l'Angleterre se doit de la dédommager en Afrique par un notable agrandissement du Congo belge.

La France s'élargit jusqu'au « grand fleuve vert ».

La Suisse acquiert la rive droite du Rhin jusqu'à Bâle ou quelque peu en aval.

L'Italie ajoute au Trentin, Tirol italien, le Tirol de langue allemande jusqu'à la crête glacée des Alpes et, pour le reste, s'arrange avec l'Autriche sans léser les Serbes; elle pourra s'étendre également en Bavière.

Les Tchèques garderont naturellement les millions d'Allemands qu'il y a dans leur royaume de Bohême ; ils s'adjoindront les deux Lusaces qui les amèneront près de Berlin et pourront rogner la lisière de la Saxe et celle de la Bavière. Pourquoi même n'iraient-ils pas jusqu'à Vienne où ils sont déjà très nombreux ?

La Russie prendra ce qui est, ce qui fut Pologne et ce qu'il lui conviendra d'enlever à sa haineuse ennemie jusque dans les os de ses os et la chair de sa chair. Le Danemark récupérera le Slesvig danois et s'annexera ce qu'il voudra du Deutschland contigu.

Ce sera là le premier partage de l'Allemagne ; le second et le troisième, en imitation du dépècement de la Pologne, suivront en leur temps si l'on s'y voit obligé. Mais probablement qu'ils n'auront pas lieu, l'empire de proie n'essaiera pas de se reconstituer ; il ne le pourrait point.

Après le premier partage, et pour qu'il n'y en ait ni un second, ni un troisième, il s'agira de mettre en pratique la devise : « Diviser pour régner. »

Les Alliés s'efforceront de diviser avec sagesse ; ils s'aideront de l'histoire de l'Allemagne pour ramener le pays deutsch à son antique impuissance, quand les États y étaient d'une inégalité folle.

On y voyait ici des ducs puissants, là

de petits marquis, ailleurs de simples
hobereaux, ailleurs encore un « État de
l'église » gouverné au temporel comme
au spirituel par un évêque, un arche-
vêque ; et des villes libres, et des répu-
bliques commerciales. Tout cela s'équi-
librant avec intérêts divers, directions
obliques ou contraires entre elles. De
ces États les uns étaient compacts,
d'autres en plusieurs tronçons, parfois
à notable éloignement. L'anarchie du
tout était « admirable ».

Le mieux sera de s'en remettre à
l'imitation du passé. On ramènera
l'Allemagne à ce qu'elle était quand
elle ne harcelait pas le monde, lors-
qu'elle se développait chez elle suivant
la nature des peuplades qui la compo-
saient : Saxons, Hessois, Badois, Bava-
rois, Hanovriens ; bref, quand il n'y
avait pas encore de « Borusses (1). »

(1) Un historien vient de traiter *ex professo* la ques-
tion du démembrement intérieur de l'Allemagne dans

XIV

Durée de la rognure ou du
partage définitif.

Comme garantie de durée à cette opération césarienne de la naissance d'une nouvelle Europe, il y a la puissance même des opérateurs et ceci que toute guerre future, s'il y en a, sera une guerre mondiale que personne n'osera déclancher.

Paris lutta d'abord contre Montlhéry, à quelques lieues d'éloignement ; puis les grands barons féodaux s'affrontèrent sur de plus amples champs de bataille ; ensuite on s'empoigna de province à province ; après quoi ce fut la guerre entre les nations, France,

un livre très suggestif : Louis Dimier, *Les tronçons du serpent.*

Angleterre, Espagne, Allemagne ; plus tard l'Europe presque entière attaqua Napoléon. Aujourd'hui les trois empires coalisés ont affaire, non seulement aux trois quarts de l'Europe, mais encore à des champions des quatre autres continents.

Les jours s'approchent où une agression telle que celle de l'Allemagne, si jamais il s'en produit une autre, sera châtiée aussitôt par tout le reste des hommes.

L'univers ne souffrira pas qu'un nouveau Vieux de la Montagne soulève une immense guerre d'orgueil. Le Deutschland, enfin désabusé, se soumettra.

Admirateur de la force, il ne se hérissera point contre la force immense qui l'a détruit et qui le détruirait encore si quelque Bismarck de l'avenir, audacieux, étourdi, fourbe et bassement cruel comme l'immortel Otto, préconisait encore la politique du fer et du sang.

XV

Le vaincu ne modèlera pas le vainqueur.

Les hypnotisés qui font de la « culture » allemande la charte de l'humanité nous prédisent que comme « la Grèce vaincue asservit son grossier vainqueur et apporta les arts à l'agreste Latium », de même le Deutschland nous pétrira comme une cire molle par ses sciences, ses arts, ses lettres, sa philosophie, sa civilisation supérieure à toute autre.

C'est plutôt lui, le pays des Boches, qui cherchera ses inspirations dans l'Ouest harmonieux, dans le Midi rayonnant. Berlin n'est pas Paris, Munich n'est ni Rome, ni Athènes et la Baltique n'est pas la Méditerranée.

La Terre ne sautera pas de son ellipse accoutumée autour du Soleil parce que le *Faust* de Gœthe ne passera plus pour la suprême évocation de la poésie et de l'art ; ou parce que *Hermann et Dorothée*, de ce même Gœthe, prendra rang parmi les chefs-d'œuvre insipides où il y a aussi peu de coups d'aile qu'il y en a, d'immense envergure, dans *Plein ciel*, dans *Pleine mer*, dans les *Mages*, et dans mille, dix mille vers des *Contemplations*, de la *Légende des Siècles*, des *Châtiments*, des *Voix Intérieures*, des *Chants du Crépuscule*, des *Feuilles d'Automne*, des *Orientales*, des *Rayons et des Ombres*. Ce sont des vers pleins « d'infini » ceux du « poète des fluides », ainsi que Théophile Gautier surnommait Victor Hugo.

XVI

L'Arc de Triomphe.

Le monde ne tressaillera pas non plus sur sa base si le roi de l'orgueil, l'empereur de la Terre, passe en vaincu sous l'arc de triomphe de l'Étoile, où il pensait défiler à la tête de son « incomparable armée. »

PARIS. — IMP. POCHY, 52, RUE DU CHATEAU. — PARIS

www.ingramcontent.com/pod-product-compliance
Lightning Source LLC
LaVergne TN
LVHW012059030726
842523LV00002B/616